经典古诗文129篇

趣读古诗文 ①

歪歪兔童书馆 编绘

老哥的别墅真是大，琴也弹得好。

喜欢就在这里住下来。

海豚出版社
DOLPHIN BOOKS
中国国际传播集团

如何阅读本书

- **诗词古文**

  全篇带拼音,读准生僻字、多音字字音。

- **注释**

  解释生僻字词,扫清字词障碍。

- **译文**

  浅显生动的文字逐句翻译古诗词、文言文,读懂古诗文。

- **诗文声律**

  诗文中两两相对的字、词、句,发现字句特点和规律,让诗文更好理解,更好记。

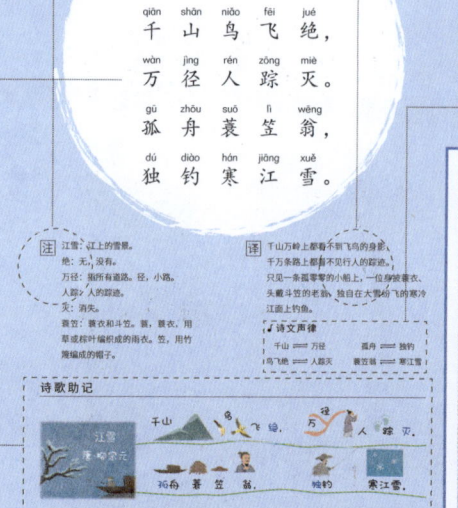

- **诗歌助记**

  小图对应,诗词断句,趣味解读,直观呈现诗词结构,充分调动图像记忆力。

延伸知识

配有趣味漫画的"大语文"知识，包括与本篇诗文相关的文人故事、创作背景、同类诗句集锦、诗歌常见意象、修辞手法、科普常识、地理知识等内容，拓展知识面。

插图

细节丰富的诗意插图，生动还原古诗词场景，具象化诗词意境。

诗文提词

根据给出的字词和画面中对应的相关内容，试着背诵诗文。

古文小剧场

多幅漫画呈现古文故事情节，让古文生动易读好理解。

目录

一

- 咏鹅　唐·骆宾王　…………………………… 7
- 江南　汉乐府　………………………………… 10
- 画　唐·王维　………………………………… 13
- 悯农（其二）　唐·李绅　…………………… 16
- 古朗月行（节选）　唐·李白　……………… 19
- 风　唐·李峤　………………………………… 22

二

- 春晓　唐·孟浩然　…………………………… 25
- 赠汪伦　唐·李白　…………………………… 28
- 静夜思　唐·李白　…………………………… 31
- 寻隐者不遇　唐·贾岛　……………………… 34
- 人之初　选自《三字经》　…………………… 37
- 池上　唐·白居易　…………………………… 40
- 小池　宋·杨万里　…………………………… 43
- 画鸡　明·唐寅　……………………………… 46

三

- 梅花　宋·王安石 …… 49
- 小儿垂钓　唐·胡令能 …… 52
- 登鹳雀楼　唐·王之涣 …… 55
- 望庐山瀑布　唐·李白 …… 58
- 江雪　唐·柳宗元 …… 61
- 夜宿山寺　唐·李白 …… 64
- 敕勒歌　北朝民歌 …… 67

四

- 村居　清·高鼎 …… 70
- 咏柳　唐·贺知章 …… 73
- 赋得古原草送别（节选）　唐·白居易 …… 76
- 晓出净慈寺送林子方　宋·杨万里 …… 79
- 绝句　唐·杜甫 …… 82
- 悯农（其一）　唐·李绅 …… 85
- 舟夜书所见　清·查慎行 …… 88

古诗文朗读音频在这里哟!

微信扫一扫,
收听古诗文朗读音频。

好诗不厌百回读,
慢吟细品齿颊香。

咏鹅

唐·骆宾王

鹅，鹅，鹅，
曲项向天歌。
白毛浮绿水，
红掌拨清波。

注
咏：用诗词来描述、赞美。
曲：弯着。
项：脖子。
拨：划动。

译
鹅，鹅，鹅，
弯着长长的脖子朝着天空唱歌。
洁白的羽毛浮在碧绿的水面上，
红红的脚掌拨动着清清的水波。

♪ 诗文声律
白毛 ⇌ 红掌
绿水 ⇌ 清波

诗歌助记

鹅，鹅，鹅，　　曲项　向天 歌。

白毛　浮 绿水，　　红掌　拨 清波。

咏鹅
唐·骆宾王

□鹅

唐·骆□□

□，□，□，
曲项□□□。
□□浮绿水。
□□拨清波。

骂太后的诗人

骆宾王是婺（wù）州义乌人，也就是现在的浙江义乌。据说，《咏鹅》是他七岁时创作的。

骆宾王虽然才华满腹，但事业上一直不太顺利，快六十岁时才到朝廷里当了个名为侍御史的官员。没多久就因为得罪了当权人物，被抓进监狱关了几个月，放出来后又被派到外地去当个无足轻重的小官，骆宾王一气之下辞了职。

几年后，太后武则天牢牢掌握了国家实权，坐在皇位上的皇帝成了傀儡（kuǐ lěi，木偶戏里的木头人，比喻受人操纵的人）。有个将军起兵造反，骆宾王帮他写了篇文章把武则天痛骂了一通，号召全天下人都起来反对她。这篇文章气势磅礴、文采斐然，武则天看后都感叹说："这么有才华的人没得到朝廷的重用，这是宰相失职。"

将军被朝廷镇压后，骆宾王也下落不明，有人说他被乱军杀死了，有人说他投江自杀了，也有人说他找了个地方隐居去了。

初唐四杰

唐代初年，还有三位和骆宾王一样出名的诗人，分别是王勃、杨炯（jiǒng）、卢照邻，他们被称为"初唐四杰"。四个人的姓连在一起合称"王杨卢骆"。这个顺序是按照四人的诗文成就来排的，但这个排名从古到今一直有争议，就连他们自己也不太满意。

王杨卢骆当时体，轻薄为文哂（shěn）未休。 唐·杜甫《戏为六绝句》

骆宾王：我七岁写出千古名作，在四人中年纪最大，凭什么排在最后面？

王勃：我可是写过"落霞与孤鹜（wù）齐飞，秋水共长天一色"的人。

杨炯："宁为百夫长，胜作一书生。"排在王勃之后是我的耻辱，可排在卢大哥的前面又让我很惭愧。卢大哥，我觉得你才应该排第一。

卢照邻：唉，"寂寂寥寥扬子居，年年岁岁一床书。"各位我都比不上。而且，我的诗写得太长了，小朋友们背不下来。

江南

汉乐府

江南可采莲,
莲叶何田田。
鱼戏莲叶间。
鱼戏莲叶东,
鱼戏莲叶西,
鱼戏莲叶南,
鱼戏莲叶北。

注 江南:长江以南一带。
何:多么。
田田:莲叶长得茂盛相连的样子。
戏:嬉戏,玩耍。

译 江南水乡到了可以采摘莲蓬的季节,碧绿的莲叶挤挤挨挨,层层叠叠。鱼儿在莲叶间嬉戏。
鱼儿一会儿在莲叶的东边嬉戏,
一会儿在莲叶的西边嬉戏,
一会儿在莲叶的南边嬉戏,
一会儿又在莲叶的北边嬉戏。

♪ 诗文声律
东 ⇌ 西
南 ⇌ 北

诗歌助记

江南 可采莲,
莲叶 何田田。
鱼戏 莲叶间。

江南
汉乐府

鱼戏莲叶北。
鱼戏莲叶西, 鱼戏莲叶东,
鱼戏莲叶南,

江□

汉□□

江南可□□,

莲叶何□□。

鱼戏□□间。

鱼戏莲叶□,

鱼戏莲叶□,

鱼戏莲叶□,

鱼戏莲叶□。

乐府和乐府诗

乐府是秦朝开始设立的管理音乐的官府，负责从民间收集歌词和乐曲，整理改编，在宫廷里或是各种仪式上演唱。这些收集来的歌词也称为乐府、乐府民歌。《江南》就是一首汉代的乐府。

后来，乐府成为一种诗歌体裁，很多文人沿用乐府的歌名、曲调，仿照民歌的风格创作诗歌，也称为乐府。唐代大诗人李白、杜甫都写下了很多乐府诗。

郎骑竹马来，绕床弄青梅。同居长干里，两小无嫌猜。 唐·李白《长干行》

车辚辚，马萧萧，行人弓箭各在腰。

爷娘妻子走相送，尘埃不见咸阳桥。 唐·杜甫《兵车行》

莲

莲也叫荷、芙蓉，是一种长在湖泊、池塘、河边等浅水中的水生植物。

莲叶表面有蜡质，滴到上面的水会像珍珠一样滚来滚去。

莲花也叫荷花。古人称还没开放的荷花苞为菡萏（hàn dàn）。

莲蓬是莲的果实，长在莲花的最中间，莲花凋谢后，莲蓬逐渐成熟。莲蓬上有很多蜂窝状的小孔洞，每个孔洞里长了一颗莲子，就是莲的种子。新鲜的莲子脆嫩可口，老莲子可以用来熬粥。洗澡用的喷头也叫莲蓬头。看，它们长得像不像？

藕可不是莲的根，而是长在水底下淤泥里的茎。藕被折断后，会有细细的丝相连。当它被端上餐桌时，通常是这个样子。

藕断丝连　　　清炒藕片

莲花　莲蓬　莲叶　藕

画

唐·王维

远看山有色，
近听水无声。
春去花还在，
人来鸟不惊。

注 色：颜色，色彩。
惊：吃惊，害怕。

译 在远处可以看到高山色彩鲜亮，
在近处却听不到水流动的声音。
春天过去了，鲜花还在盛开，
人走到近旁，鸟儿也不会受惊飞走。

♪ **诗文声律**

远看 ⇌ 近听
山有色 ⇌ 水无声
春去 ⇌ 人来
花 ⇌ 鸟

诗歌助记

□

□·王维

远看□有□,

近听□无□。

□去□还在,
□来□不惊。

少年成名的王维

王维是河东蒲（pú）州（今山西永济）人，和大诗人李白出生于同一年，不过和李白三十多岁还在到处找工作不一样，王维年纪轻轻便一举成名。

他十多岁时来到京城长安，见到唐玄宗的妹妹玉真公主，献上自己写的诗，公主看后大吃一惊，说："这些都是孩子们天天诵读的诗，我以为是古人写的，没想到是你写的！"在公主的大力推荐下，王维参加科举考试，轻轻松松中了进士，名扬京城。

王维不仅是一位诗人，也是一位画家。北宋大文豪苏轼称赞他"诗中有画，画中有诗"，读他的诗句，眼前就有了画面；从他的画里，能看出满满的诗意。在《画》这首诗中，王维更是用四句诗说了一个谜语，谜底就是这首诗的题目——画。

但也有人认为，这首诗并不是王维写的。理由是不论是王维的个人诗集，还是收录了唐朝二千多位诗人共四万九千多首诗作的《全唐诗》中，都没有这首诗。

王维名句

红豆生南国，春来发几枝。愿君多采撷（xié），此物最相思。《相思》

大漠孤烟直，长河落日圆。《使至塞上》

江流天地外，山色有无中。《汉江临眺》

悯农（其二）

唐·李绅

锄禾日当午，
汗滴禾下土。
谁知盘中餐，
粒粒皆辛苦。

注 悯：怜悯，同情。
禾：谷类植物的统称。
皆：全，都。

译 农民在烈日当空的中午给禾苗除草，
一颗颗汗水滴落到禾苗下的泥土里。
有谁知道，我们盘子里的饭食，
一粒粒都是农民用辛苦的劳动换来的。

诗歌助记

锄禾日当午，
汗滴禾下土。
悯农（其二）唐·李绅
谁知盘中餐，
粒粒皆辛苦。

悯□（其二）

唐·□绅

□□日当午，
□□禾下土。
谁知□□□，
粒粒皆□□。

司空见惯

李绅的《悯农》诗有两首,另一首我们后面还会读到。这一首表现出李绅对农民辛勤劳作的同情,并号召人们要珍惜粮食,爱惜农民的劳动成果。

这两首《悯农》诗是李绅年轻时写的。后来,他的官越做越大,也开始追求奢侈享乐。有个成语叫"司空见惯",指某事经常能见到,不会让人觉得奇怪。这个成语出自刘禹锡的诗作《赠李司空妓》。司空是唐代朝廷掌管工程的官员,据说这里的司空说的就是李绅。

当时,刘禹锡被降职为苏州刺史,相当于苏州市的市长,应邀到李绅家赴宴。席间,李绅叫来家中的歌伎(jì)唱歌跳舞助兴,刘禹锡有感而发,说:"这么热闹的场面,在司空大人看来早已经是见惯了的事情啦,可我这个被降职的刺史看了,却是又伤感又痛心啊!"

不能看,太伤感!

这名歌伎送给你,心情会好点儿吗?

司空见惯浑闲事,断尽苏州刺史肠。

新乐府

李绅还是新乐府诗的代表诗人之一。前面我们说过,乐府是一种有着固定题目和曲调的诗歌。为了让乐府诗能表达更广泛的主题,李绅和好朋友元稹(zhěn)、白居易一起倡议,用乐府诗的形式描写眼前发生的事,给诗歌起和内容相符的新题目,而且不用去管诗歌能不能配合着乐曲演唱,这被称为"新乐府运动"。新乐府诗写统治者的残酷,战争的可怕,人民的苦难,使诗歌有了更具体的意义。

不要总因循守旧 —— 李绅

快跟上我的节奏 —— 白居易

写人民的快乐与忧愁 —— 元稹

古朗月行（节选）

唐·李白

小时不识月,
呼作白玉盘。
又疑瑶台镜,
飞在青云端。

注
呼作：称为。
白玉盘：晶莹剔透的白玉盘子。
疑：怀疑。
瑶台：传说中神仙居住的地方。

译
小时候不认识月亮，
把它叫作白玉盘。
又怀疑那是一面瑶台里的镜子，
飞到了夜空的青云之上。

诗歌助记

小时 不识　月，　呼作 白玉盘。

又疑　瑶台镜，　飞在　青云端。

古朗月行（节选）
唐·李白

古□□行（节选）

唐·李□

小时□□，

呼作□□。

又疑□□镜，

飞在□□端。

李白的月光

李白是唐朝最出名的诗人，出生在西域的碎叶城，位于现在吉尔吉斯斯坦北部，五岁时随着家人一起到四川定居，二十四岁时才离开四川，周游大江南北。

李白的《古朗月行》是一首乐府诗，总共有十六句，这里只选用了前面四句。"朗月行"是乐府诗中一个固定的题目，李白借用这个题目，并加上了一个"古"字，于是有了这个诗名。

> 我祖籍甘肃，长在四川，不是外国人。

李白一生钟爱酒和月，写下了许多关于月亮的诗句。关于李白的死有多种说法，其中一个版本是这样的：李白在安徽当涂坐船渡过长江时，看到水中一轮明月，他当时喝醉了酒，想去水中捞起月亮，不小心掉进水里淹死了。实际上，李白是在当涂叔叔家病逝的。

> 可能是因为我被称为"浪漫主义诗人"，人们才给我编了这么个"浪漫"的死法。

酒入豪肠，七分酿成了月光，余下的三分啸成剑气，绣口一吐，就半个盛唐。

当代·余光中《寻李白》

李白名句

花间一壶酒，独酌（zhuó）无相亲。举杯邀明月，对影成三人。《月下独酌》

人生得意须尽欢，莫使金樽（zūn）空对月。《将进酒》

长安一片月，万户捣衣声。《子夜吴歌》

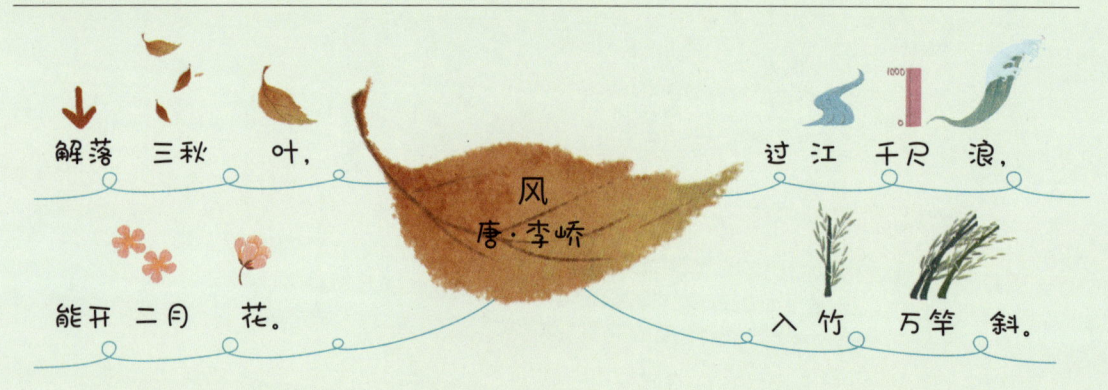

风

唐·李峤

解落三秋叶,
能开二月花。
过江千尺浪,
入竹万竿斜。

注 解:能够,会。
三秋:秋季的三个月,指秋天。
二月:农历二月,指春天。
过:经过。 斜:倾斜,歪斜。

译 能吹落秋天金黄的树叶,
能吹开春天美丽的鲜花。
经过江面,掀起千尺巨浪,
刮进竹林,把万竿青竹吹得歪歪斜斜。

♪ 诗文声律

解落 ═ 能开
三秋叶 ═ 二月花
过江 ═ 入竹
千尺 ═ 万竿

诗歌助记

解落 三秋 叶,　　　　过江 千尺 浪,

风
唐·李峤

能开 二月 花。　　　　入竹 万竿 斜。

□

唐·李□

解□三秋□,

能□二月□。

过□千尺□,

入□万竿□。

宰相诗人

唐朝是我国诗歌的巅峰时代，三百年间，涌现出大量的优秀诗人和流传千古的名作佳篇。不过，唐朝时，诗人并不是一种职业，绝大多数诗人都是朝廷或各地的官员，有几位诗人甚至当过朝廷里最大的官——宰相。《风》的作者李峤就是其中一个，他在武则天、唐中宗、唐睿宗时期三次出任宰相。

张九龄：我是大唐盛世唐玄宗时期的宰相。孟浩然的《望洞庭湖赠张丞相》就是写给我的。

李绅：写《悯农》诗的我，也是宰相哟。只可惜没赶上大唐最繁盛的时代。当宰相可不轻松，勾心斗角，心太累。

唐玄宗：陛下，安禄山将来一定会造反。
我不信。

下朝后别走！
要约架吗？

元稹：从我的诗作来看，你肯定猜不出我也是宰相。

曾经沧海难为水，除却巫山不是云。

风诗佳句

秋风萧瑟，洪波涌起。汉·曹操《观沧海》

亭亭山上松，瑟瑟谷中风。汉·刘桢(zhēn)《赠从弟（其二）》

忽如一夜春风来，千树万树梨花开。唐·岑参(cén shēn)《白雪歌送武判官归京》

溪云初起日沉阁，山雨欲来风满楼。唐·许浑《咸阳城东楼》

春晓

唐·孟浩然

春眠不觉晓，
处处闻啼鸟。
夜来风雨声，
花落知多少。

注 晓：天刚亮的时候。
眠：睡觉。
不觉晓：不知不觉天就亮了。
闻：听见。
啼鸟：鸟啼，鸟的鸣叫声。啼，鸣叫。

译 春天的早上还在睡梦中，不知不觉天就亮了，到处都能听到鸟儿清脆的鸣叫。
想起昨天夜里的阵阵风雨声，
被风吹落雨打落的花朵不知有多少。

诗歌助记

春□   唐·孟□□

□□不觉晓，
□□闻啼鸟。

夜来□□□，

花落□□□。

喝酒比做官重要

孟浩然出生于现在的湖北襄阳，年轻时在襄阳城附近的鹿门山隐居，天天睡到自然醒，《春晓》就是他在这段时间写的。

孟浩然是李白的偶像，李白前前后后写过五首诗送给他。李白给负责寻访人才的官员韩朝宗写过一封求职信《与韩荆州书》，没有收到回信。而韩朝宗想要约见孟浩然，也没能见上面。

四十岁前后，孟浩然两次参加科举考试都没考上，于是回到了襄阳。有一次，韩朝宗约他见面，想带他一起去京城长安，推荐他做官。到了约定的那一天，正好有个朋友来看望他。孟浩然和朋友一起喝酒聊天，仆人提醒他说："您和韩大人约好了要见面的。"孟浩然却说："现在喝酒喝得正高兴，那些无关紧要的事不要来烦我！"韩朝宗听说后非常生气。

孟浩然酒醒后，也没有对这件事感到丝毫后悔。因为错过了这次机会，孟浩然也成了唐朝少有的一生没有做过官的诗人。

赠汪伦

唐·李白

李白乘舟将欲行，
忽闻岸上踏歌声。
桃花潭水深千尺，
不及汪伦送我情。

注
汪伦：李白的朋友。
闻：听到。
踏歌：以脚踏地为节拍，边走边唱。
桃花潭：在今安徽泾县西南。
不及：不如。

译
李白登上小船正要离开，
忽然听到岸上传来踏歌之声。
即使桃花潭水深千尺，
也比不上汪伦为我送行的这份情谊。

诗歌助记

赠□□

唐·李□

李白乘舟□□□,
忽闻岸上□□□。

□□□□深千尺,
不及□□送我情。

热爱旅游的诗人

除了四十多岁时在京城长安上过三年班,为唐玄宗写写诗文,李白一生基本上没有固定工作,他的大部分时光都是在旅游中度过的。

二十四岁之前,李白已经把四川一带游了个遍,然后坐船沿长江顺流而下,离开四川,遍游全国,一路上广交朋友,遇到喜欢的地方还会住上一段时间。李白走到哪里,就把诗写到哪里,其中很多诗是写给朋友的,所以他的很多诗作中都带有地名、人名。

公元 754 年,李白在安徽游览了黄山的大好风光,又在附近的村落流连忘返。在泾(jīng)县,李白和当过泾县县令的汪伦结下了深厚的友谊。在这里住了一段时间后,李白乘船离开,在桃花潭边告别时写下了《赠汪伦》送给朋友。

桃花潭是长江支流青弋(yì)江上游的一段,以水深而闻名,李白在诗中说桃花潭深千尺,当然是夸张的说法,用潭水的幽深来形容汪伦的深情厚谊。

安徽泾县唐朝时属于宣城郡,这里还是高档书画用纸宣纸的老家。虽然以青檀树皮为主要原料制造的宣纸在宋朝末年才发明出来,但在李白的时代,这里出产的纸张已经是进献朝廷的贡品。

静夜思

唐·李白

床前明月光，
疑是地上霜。
举头望明月，
低头思故乡。

注：疑：好像。
举头：抬头。

译：明亮的月光透过窗户洒在地面上，
好像是地上结了一层白霜。
我抬起头，看着夜空中皎洁的明月，
又不由得低下头去，思念起远方的家乡。

♪ 诗文声律

明月光 ⇌ 地上霜
举头 ⇌ 低头
望明月 ⇌ 思故乡

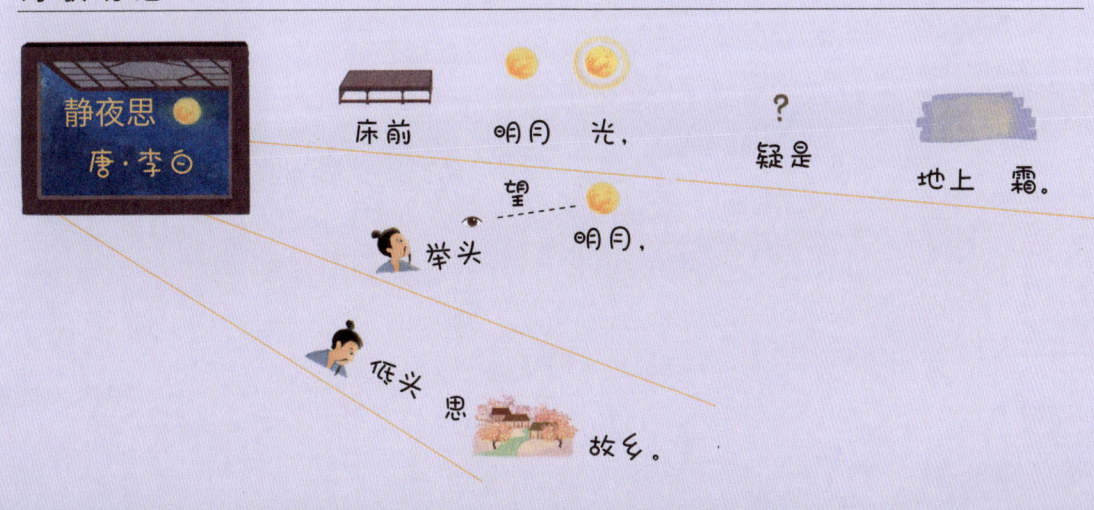

诗歌助记

静夜思
唐·李白

床前　明月 光，　　疑是　　地上 霜。
　　　望　明月，
举头
低头 思　故乡。

□□思

唐·□□

床前□□□,

疑是□□□。

举头望□□,

低头思□□。

《静夜思》中的"床"

《静夜思》中的"床"到底指的是什么，有几种不同的说法：

"窗"的通假字，李白本来是想写"窗"，一不小心错写成了"床"；

井台、井栏，井口周围高出地面的部分；

一种可以坐可以睡的家具；

从胡人地区（北方和西方少数民族地区）传进来的胡床，是一种可以折叠的椅子或凳子，类似小马扎。

你觉得哪种说法更有道理呢？

> 我的光到底应该照在哪里？真让人为难。

明月和故乡

为什么举头望明月后低头就会思故乡呢？这是因为古代通信方式很落后，没有电话，没法视频，寄封信可能得几个月后才能收到。夜深人静的时候，在外漂泊的人们看看夜空中的明月，就会想到，此时，这轮明月也挂在家乡的夜空，说不定自己思念的亲人也正看着它呢。所以在古人的诗句中，经常会把明月和思念家乡、思念亲人联系在一起。

> 我在看月亮，月亮在看家乡的你们。

海上生明月，天涯共此时。 唐·张九龄《望月怀远》

露从今夜白，月是故乡明。 唐·杜甫《月夜忆舍弟》

但愿人长久，千里共婵娟。 宋·苏轼《水调歌头》

今夜月明人尽望，不知秋思落谁家。 唐·王建《十五夜望月》

寻隐者不遇

唐·贾岛

松下问童子，
言师采药去。
只在此山中，
云深不知处。

注 寻：寻找，拜访。
隐者：古代隐居在山中的文人。
童子：小孩子。这里指隐者的弟子。
言：回答，说。
云深：指山上云雾缭绕。 处：地方。

译 在松树下，我询问小童子：
你的师父去哪儿了？
他说师父到山中采药去了。
只知道就在这座大山里，
可山中云雾缭绕，也不知他在什么地方。

诗歌助记

松下 问 童子，

寻隐者不遇
唐·贾岛

言师 采药 去。

只在 此山中，

云深 不知处。

寻□□不遇

唐·贾□

松下问□□,

言师□□去。

只在□□□,

□□不知处。

写诗最辛苦的诗人

李白喝上一斗酒,就能写出百首好诗,虽然是夸张的说法,但李白确实是才思敏捷,下笔如有神助,不然也不会有近千首诗流传至今。

有写得快的,就有写得慢的,很多诗人写诗时要绞尽脑汁冥思苦想,写出来的诗更是要字斟句酌,有时一个字都要仔细琢磨、反复推敲好几天,写起来可费劲了。《寻隐者不遇》的作者贾岛就是这样一位诗人。

李白斗酒诗百篇,
长安市上酒家眠。
唐·杜甫《饮中八仙歌》

好羡慕他啊!

两句三年得,一吟双泪流。知音如不赏,归卧故山秋。 贾岛《题诗后》

三年才写出了两句好诗,读起来把自己都感动得眼泪直流。这样的诗句,如果朋友们都不欣赏,我就再也不写诗了,干脆回老家睡大觉去。

而且,"推敲"这个词正是出自贾岛写诗的故事。

有一天,贾岛骑着驴在街上走着,嘴里念叨着前几天写的两句诗:鸟宿池边树,僧敲月下门。这个"敲"字,换成"推"会不会更好呢?贾岛骑在驴背上比划,立起手掌推一推,弯起手指敲一敲。

街上的人都奇怪地看着他,贾岛沉浸在自己的世界里,浑然不觉,一不小心撞进了京兆尹(管理京城一带的官员)韩

那人在干啥?练习手指舞吗?

大人小心,刺客在运气!

愈的仪仗队伍里。卫兵把贾岛从驴上拉下来,扭送到韩愈面前。韩愈问清缘由后对他说:"我觉得'敲'字好,更能衬托出夜的寂静。"

不过,也有人认为"推"更好,觉得"敲"会打破夜的宁静,惊起睡在树上的鸟儿,破坏诗的意境。你觉得"推"和"敲"哪个更好呢?

人之初

选自《三字经》

人之初，性本善，性相近，习相远。
苟不教，性乃迁，教之道，贵以专。
子不学，非所宜，幼不学，老何为？
玉不琢，不成器，人不学，不知义。

注
初：开始，开头。
性：性格，本性。
习：习惯，习性。
苟：如果。
乃：于是。
迁：改变。
专：专心致志。
宜：合适，应该。
琢：雕琢，打磨。
器：器物，这里指成才。
义：公正合宜的道理。

♪ **诗文声律**
玉不琢 ══ 人不学
不成器 ══ 不知义

译　人出生之初，本性都是善良的，天性也都很接近，只是后天所处的环境和所受的教育不同，习性差异才越来越大。

　　如果从小不好好教育，善良的本性就会发生改变，要想把孩子教育成才，最重要的就是要专心致志地去教育孩子。

　　小孩子不好好学习，是很不应该的，幼年时不好好学习，等长大变老后能有什么作为呢？

　　玉如果不打磨雕刻，不会成为精美的器物，人如果不学习，就不会明白道理。

人之□

选自《□□经》

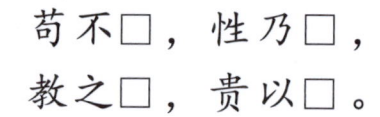

人之□，性本□，
□相近，□相远。

苟不□，性乃□，
教之□，贵以□。

□不学，非□□，
□不学，□何为？

玉□□，不成□，
人□□，不知□。

《三字经》

今天学的这篇小古文选自南宋大学问家王应麟的《三字经》。这是一本给刚开始认字、读书的小朋友看的启蒙读物,流传到现在已经有七百多年了。随着时代的发展,后人又对这本书进行了改编,所以现在的《三字经》有多个版本。

《三字经》最大的特点是每个句子只有三个字,又好读,又好记。这本书虽然只有一千多字,几百个三字短句,却包含了很多的内容。里面有整个中国历史的发展变迁,有古代的民间传说、勤学故事,有天文地理知识,还有小朋友需要明白的很多道理。

除了《三字经》,古代还有两本小朋友常读的书,分别是介绍姓氏的《百家姓》,由一千个不同的字写成的《千字文》,这两本书都是四个字一句。《三字经》《百家姓》《千字文》合称"三百千"。

池上

唐·白居易

小娃撑小艇,
偷采白莲回。
不解藏踪迹,
浮萍一道开。

注：撑：用竹竿或木杆抵住河底使船行进。
艇：船。 白莲：白色的莲花。
解：了解，明白。
踪迹：行动留下的痕迹。
浮萍：一种水生漂浮植物，椭圆形叶子浮在水面，叶下面长有须根。

译：小孩撑着一只小船，
偷偷去池塘里采了白莲回来。
他却不懂得隐藏自己的行踪，
水面的浮萍朝两边荡开，
留下了长长一道船儿划过的痕迹。

诗歌助记

小娃撑小艇，　　池上　　不解藏踪迹，
偷采白莲回。　　唐·白居易　　浮萍一道开。

□ 上

唐·白□□

小娃撑□□,

偷采□□回。

不解藏□□,

□□一道开。

老婆婆都能读懂的诗

这首《池上》读上去很容易懂。诗句浅显明白、通俗易懂，是白居易诗作的一大特色。据说，他每写一首诗，都会先去念给邻居家的老婆婆听。老婆婆没上过学，也不认识字，但白居易的诗她大多都能听懂。如果有听不懂的地方，白居易就会记下来，重新改写，一直改到老婆婆能听懂为止。正是因为白居易给自己的诗作定下这样的标准，所以他的很多诗都在百姓间广泛流传。这个故事还传下一个成语：老妪（yù）能解，形容文学作品通俗易懂。老妪就是老婆婆。

> 主人下马客在船，举酒欲饮无管弦。

> "管弦"是什么？下酒菜吗？

学霸养成记

白居易从小聪慧，六七个月大时就已经认识古文中经常出现的"之""无"二字。奶妈把他抱在怀里，念这两个字，他总能准确无误地指出来。少年白居易学习非常刻苦，每天白天学习作赋，晚上用功读书，还要抽出时间来练习作诗，根本没多少时间睡觉。读书读得舌头上都长了疮，写字太多，手和胳膊肘上都磨出了茧子。二十七岁那年，白居易参加科举考试，一次就考中了。

白居易一生为官，有春风得意的时候，也有被贬到外地当小官的时候。晚年时，他在东都洛阳当了个闲官，在这里买下一座带园子的大宅子。园子里有一片池塘，池塘里长着菱角和白莲，常常引得附近的孩子过来玩耍。《池上》这首诗就写作于这段时期。

小池

宋·杨万里

泉眼无声惜细流，
树阴照水爱晴柔。
小荷才露尖尖角，
早有蜻蜓立上头。

注
泉眼：泉水的出口。
惜：吝惜。
照水：映在水里。
晴柔：晴天里和风的轻柔。

译
泉眼悄然无声，像是舍不得细细的水流，
树阴对着水面照镜子，像是喜爱晴天和风的轻柔。
还没舒展开的小荷叶刚从水面露出尖尖的角，
早就有一只蜻蜓轻轻巧巧地立在它上头。

♪ 诗文声律
泉眼 ⇌ 树阴
惜细流 ⇌ 爱晴柔

诗歌助记

小池
宋·杨万里

泉眼 无声 惜 细流， 树阴 照水 爱 晴柔。
小荷 才 露 尖尖角， 早有 蜻蜓 立 上头。

□□

宋·杨□□

泉眼无声惜□□,

树阴照水爱□□。

□□才露尖尖角,

早有□□立上头。

自然清新的"诚斋体"

杨万里是南宋诗人,出生于南宋建立的那一年。据说他一生总共写了两万多首诗,按他七十九岁的寿命平均算下来,大约每天一首。这些诗中流传下来的也有四千多首,杨万里也因此被称为一代诗宗。他比同时代诗人陆游小两岁,陆游在说到他时都自叹不如。

文章有定价,议论有至公。我不如诚斋,此评天下同。宋·陆游《谢王子林判院惠诗编》

杨万里的很多诗歌描写的都是自然景物,构思新巧,想象奇特,语言浅近明白,清新自然,形成了自己独特的风格,被称为"诚斋体"。"诚斋"是杨万里的号(号是古人自己给自己起的名字,也有的号是朋友给起的)。《小池》就是一首典型的"诚斋体"诗歌。

一字师

杨万里学问渊博,为人谦虚。他在当国子监(jiàn)博士(国家最高学府的老师)时,有一次和同事闲聊,说到"晋代的于宝"。旁边一个小官员听了插话说:"先生,是干(gān)宝,不是于宝。"

被人当众挑错,杨万里不但不气恼,反而和颜悦色地问:"你是怎么知道的呢?"

小官员于是找来一本字典,查到"干"字,把下面的注解指给杨万里看,果然写着"晋有干宝"。杨万里这才知道,自己一直看错读错了这个人名。他非常高兴,感激地对这个小官员说:"你可真是我的一字之师呀!"

画鸡

明·唐寅

头上红冠不用裁，
满身雪白走将来。
平生不敢轻言语，
一叫千门万户开。

注　裁：裁剪，制作。
　　将：助词，用在动词后面，无实义。
　　平生：平常，平时。
　　轻：随便，轻易。
　　言语：说话，这里指啼鸣。
　　一：一旦。　千门万户：指众多的人家。

译　它头上鲜红的冠子天然生成，不用剪裁，它浑身雪白，神气地踱着步子走过来。平时它不敢轻易鸣叫，一旦鸣叫，千家万户的门都纷纷打开。

诗歌助记

头上□□不用裁，

画□

明·唐□

满身□□走将来。

平生不敢轻□□，

一叫□□□□开。

公鸡早上为什么会打鸣

这首诗是一首谜语诗，谜底就是一只白色的大公鸡。每天早上，公鸡一打鸣，人们就纷纷起床，打开门窗，开始了一天的工作和生活。古代没有钟表，打鸣的公鸡就成了叫人们起床的闹钟。

除了猫头鹰等少数几种晚上出来活动的鸟，大多数鸟到了晚上是看不见东西的，作为鸟类成员的鸡也不例外。整个晚上什么都看不见，这让负责鸡群安全保卫工作的公鸡非常不安。当天快亮时，终于又能看清周围的一切了，公鸡就会兴奋得打起鸣来。

江南第一才子

《画鸡》的作者唐寅是明朝著名的画家、诗人，他还有一个更为大家所熟知的名字——唐伯虎。

唐寅少年时才气过人，能书会画，十五岁考秀才时得了第一名，后来在省一级的科举考试中又得了第一，也就是解（jiè）元，所以他也被人们称为"唐解元"。但是就在考中解元后的第二年，他到京城参加全国级的考试，受作弊考生的牵连，被抓进了监狱。后来虽然被释放，但这件事等于断送了他通过科举考试做官这条路。

唐寅给自己刻了个"江南第一风流才子"的图章，一生主要靠卖文、卖画为生，留下了大量珍贵的书画作品，成为一代书画大家。

不炼金丹不坐禅，不为商贾不耕田。闲来写就青山卖，不使人间造孽钱。《言志》

梅花

宋·王安石

墙角数枝梅,
凌寒独自开。
遥知不是雪,
为有暗香来。

注
凌寒：冒着严寒。
遥：远远地。
为：因为。
暗香：指梅花的幽香。

译
墙角有几枝梅花,
正冒着严寒独自开放。
远远看去就知道那不是落在枝头的雪花,
因为有梅花的幽香阵阵飘来。

诗歌助记

梅花
宋·王安石

墙角 数枝梅, 凌寒 独自 开。

遥知 不是 雪, 为有 暗香 来。

□□

宋·王□□

□□数枝梅,

　　□□独自开。

　　□□不是雪,

　　□□暗香来。

亦敌亦友

中国古代是文人当政,也就是说很多朝廷高官、地方上的各级官员,都是由会写诗作文的文人担任的。所以很多诗词古文的作者同时也是活跃在政治舞台上的官员,一些我们非常熟悉的诗人没准儿还是政治上的死对头呢!

本诗作者王安石就是北宋时一位重要的政治家。他在宋神宗时期两次出任宰相,实施了一系列新法令,历史上称为"王安石变法"。

但是,在新法推行的过程中,一些贪官污吏从中谋取私利,让好好的法令走了样,人民并没有从中得到好处,甚至负担变得更重了。在朝廷里,新法令更是遭到了很多官员的激烈反对,大诗人苏轼就是其中一个。

苏轼虽然没有王安石职位高,但名气比他大。苏轼抓住一切机会,在各种场合嘲讽、反对新法,让王安石非常生气。宋神宗几次想重用苏轼,都被王安石劝阻,苏轼只好离开朝廷去杭州当了个地方官。但抛开工作上的矛盾不谈,私下里,王安石非常赞赏苏轼的才华。后来,苏轼因为写诗反对变法被关押,性命攸关之时,王安石还写信给宋神宗帮苏轼求情,说在一个皇帝圣明的朝代,不能杀有才华的文化人。

变法遇到重重阻碍,心灰意冷的王安石辞去宰相职务,到南京钟山隐居去了。《梅花》就是写于这段时期。梅花在严寒时节独自开放,虽然孤立无援,处境艰难,但仍能保持自己高洁的品性,散发出阵阵清香。从诗中也能看出作者此时的心境。

小儿垂钓

<small>táng hú lìng néng</small>
唐·胡令能

蓬头稚子学垂纶，
侧坐莓苔草映身。
路人借问遥招手，
怕得鱼惊不应人。

注
蓬头：头发乱蓬蓬的。
稚子：小孩。
垂纶：钓鱼。纶，钓鱼用的丝线。
莓：一种野草。 苔：苔藓植物。
映：掩映，遮挡。
借问：向人打听。 应：回应，理睬。

译 一个头发乱蓬蓬的小孩在河边学着大人的样子钓鱼，他侧着身子坐在青苔上，绿草遮挡着他的身影。听到过路人问路，他连忙远远地摆了摆手，生怕说话的声音惊跑了鱼儿，所以不敢回答问路人。

诗歌助记

小儿□□

唐·胡□□

蓬头稚子□□□,

侧坐莓苔□□□。

路人□□遥招手,

怕得□□不应人。

非著名诗人胡令能

和大多数声名远扬的诗人不一样,《小儿垂钓》的作者胡令能在唐朝时就是个不太出名的诗人。他隐居在现在河南郑州的圃(pǔ)田,这里是战国思想家列子的故乡。胡令能选择在这里隐居,也正是因为他是列子的铁杆粉丝。

胡令能年轻时靠给别人磨铜镜、补盆碗为生。修补盆碗要把打破的残片拼合起来,在接缝两侧钻出小孔,用一种特殊的钉子穿过小孔,把残片重新固定在一起。这门手艺称为"钉铰",所以人们都叫胡令能为"胡钉铰"。

> 修盆小能手
>
> 不会修盆的诗人不是好隐士。

有一天,胡令能做了个梦,梦见有个神仙割开他的肚子,往里面放了一卷书,然后给他把肚子缝好了。胡令能醒后,就会写诗了。不知道胡令能是不是真的做过这样一个梦,但梦里割开和缝补肚皮的情形和他平时修补盆碗倒是很相似呢。

胡令能留下来的诗总共只有四首,而且都是只有短短四句的绝句,但每一首都非常生动传神,充满了生活气息。

忽闻梅福来相访,笑着荷衣出草堂。
儿童不惯见车马,走入芦花深处藏。

《喜韩少府见访》

登 鹳 雀 楼

唐·王之涣

白日依山尽，
黄河入海流。
欲穷千里目，
更上一层楼。

注 白日：太阳。
依：依傍，挨着。
尽：消失。 欲：想要。
穷：尽，使达到极点。
千里目：眼界宽阔。
更：再。

译 夕阳依傍着山峦慢慢沉落，黄河朝着大海汹涌奔流。想要看到千里之外的风景，就要再登上更高的一层楼。

♪ 诗文声律

白日 ⇌ 黄河
依山尽 ⇌ 入海流
欲穷 ⇌ 更上
千里目 ⇌ 一层楼

诗歌助记

白日 依山 尽，
黄河 入海 流。
登鹳雀楼
唐·王之涣
欲穷 千里 目，
更 上 一层 楼。

登□□楼

唐·王□□

白日□山□,

黄河□海□。

欲□千里□,

更□一层□。

四大名楼

鹳雀楼是我国古代四大名楼之一,因为经常有鹳雀歇在楼上而得名。四大名楼的另外三座分别为岳阳楼、黄鹤楼、滕王阁,这三座也称为江南三大名楼。四大名楼都以古代经典诗文而名闻天下。

先天下之忧而忧,
后天下之乐而乐。
宋·范仲淹《岳阳楼记》

岳阳楼(湖南岳阳)

昔人已乘黄鹤去,
此地空余黄鹤楼。
唐·崔颢(hào)《黄鹤楼》

黄鹤楼(湖北武汉)

欲穷千里目,
更上一层楼。
唐·王之涣《登鹳雀楼》

鹳雀楼(山西永济)

落霞与孤鹜齐飞,
秋水共长天一色。
唐·王勃《滕王阁序》

滕王阁(江西南昌)

边塞诗

本诗作者王之涣生活在盛唐时期。当时,唐朝疆域广大,边境上战争不断,很多文人为了求取功名或者是体验新奇的生活,加入军队来到边塞(sài),写下了大量描写边塞风光、军中生活的诗,这些诗被称为"边塞诗"。王之涣和同时代的王昌龄、高适、岑参合称为四大边塞诗人。此外,出名的边塞诗人还有王翰、李颀(qí)等。

大漠风尘日色昏,红旗半卷出辕门。唐·王昌龄《从军行》
战士军前半死生,美人帐下犹歌舞!唐·高适《燕歌行》
北风卷地白草折,胡天八月即飞雪。唐·岑参《白雪歌送武判官归京》
白日登山望烽火,黄昏饮马傍交河。唐·李颀《古从军行》

到边塞去!那里天地广,灵感多。

望庐山瀑布

唐·李白

日照香炉生紫烟,

遥看瀑布挂前川。

飞流直下三千尺,

疑是银河落九天。

注 香炉:指庐山的香炉峰。
紫烟:指日光透过云雾,远望如紫色的烟云。
川:河流,这里指瀑布。
三千尺:形容山高。这里是虚数,夸张的说法。
九天:极高的天空。古人认为天有九重,九天是天的最高层。

译 香炉峰在阳光的照射下生起紫色的烟云,远远看去瀑布像一条长河悬挂在山前。瀑布从高崖上奔流直下好像有几千尺,让人怀疑是银河从高高的天空落到了人间。

♪ 诗文声律

香炉 ⇌ 瀑布　　生紫烟 ⇌ 挂前川

诗歌助记

望□□瀑布

唐·□□

日照□□生□□,
遥看□□挂□□。
飞流直下□□□,
疑是银河□□□。

文化名山

庐山位于江西九江长江之南的鄱阳湖畔，离南边的滕王阁只有几十千米。汉代的司马迁为了写《史记》，曾来到庐山考察大禹治水留下的遗迹。古往今来，一千多位文化名人曾登临庐山，留下了四千多首诗词歌赋，庐山也因此跻（jī）身"中华十大名山"之列。

唐朝时庐山就已经是旅游圣地。李白曾五次游览庐山，为庐山留下了十多首诗词。《望庐山瀑布》大约是李白告别汪伦后，从安徽宣城到庐山小住时所作。

名胜打卡

我们知道，李白是一位热爱旅游的诗人，他边旅游边写诗，为一大批景点留下了宝贵的文化遗产。

湖南洞庭湖

且就洞庭赊（shē）月色，

将船买酒白云边。《游洞庭五首（其二）》

安徽九华山

昔在九江上，遥望九华峰。

天河挂绿水，秀出九芙蓉。

《望九华赠青阳韦仲堪》

> 我原本叫九子山，因为这首诗改名叫九华。我很喜欢这个新名字。

四川峨眉山

峨眉山月半轮秋，

影入平羌江水流。《峨眉山月歌》

江苏南京凤凰台

三山半落青天外，

二水中分白鹭洲。

《登金陵凤凰台》

安徽宣城谢朓楼

两水夹明镜，

双桥落彩虹。

《秋登宣城谢朓北楼》

江雪

唐·柳宗元

千山鸟飞绝,
万径人踪灭。
孤舟蓑笠翁,
独钓寒江雪。

注
江雪:江上的雪景。
绝:无,没有。
万径:指所有道路。径,小路。
人踪:人的踪迹。
灭:消失。
蓑笠:蓑衣和斗笠。蓑,蓑衣,用草或棕叶编织成的雨衣。笠,用竹篾编成的帽子。

译 千山万岭上都看不到飞鸟的身影,千万条路上都看不见行人的踪迹。只见一条孤零零的小船上,一位身披蓑衣、头戴斗笠的老翁,独自在大雪纷飞的寒冷江面上钓鱼。

♪ 诗文声律

千山 ═ 万径　　孤舟 ═ 独钓
鸟飞绝 ═ 人踪灭　　蓑笠翁 ═ 寒江雪

诗歌助记

江□

唐·柳□□

千山□□□,

万径□□□。

□□蓑笠翁,

□□寒江雪。

柳宗元的诗和文

柳宗元生活在唐朝中期，他出生时，李白已经去世十一年。柳宗元是北方人，祖籍河东（现在的山西运城一带），长在京城长安，但这首《江雪》描写的却是南方的景象。因为北方的冬天，河面会结上厚厚的冰，是不大可能坐在船上钓鱼的。

北方 入冬开始结冰，随着气温逐渐降低，冰层越来越厚。"冰冻三尺，非一日之寒。"在河面钓鱼，要在冰面凿开一个冰洞，把钓丝垂进洞口钓。洞口的氧气更加充足，会吸引鱼儿游过来。

南方 河面很少结冰，最冷的日子也只会结一层窗玻璃般厚的冰，白天随着气温上升就慢慢化了。冬天，鱼儿都躲到暖和些的深水中、水草里，不太愿意出来觅食，所以冬天并不是钓鱼的好季节。

《江雪》是柳宗元被贬到永州当官时写的，从诗中也能看出他虽然身处逆境，孤独冷寂，但仍然保持着内心的一份孤傲。

永州在现在湖南的西南边，在唐朝时是相当偏远的地方。柳宗元在这里生活了十年，写下了《永州八记》《捕蛇者说》等大量文章，其中的《小石潭记》你上高中时会在语文课本里学到，成语"黔驴技穷""粤犬吠雪"也都出自他写的文章。

后来，柳宗元又被贬到更南边的广西柳州，直到四十六岁去世。柳宗元在柳州当地方官时，为百姓办了很多实事，人们建了一座柳侯祠纪念他，就在现在柳州的柳侯公园里。

夜宿山寺

唐·李白

危楼高百尺，
手可摘星辰。
不敢高声语，
恐惊天上人。

注：
宿：住宿，过夜。
危楼：高楼，这里指建在山顶的寺庙。危，高。
百尺：虚指，形容楼很高。
星辰：天上的星星统称。
高声：大声。 语：说话。
恐：唯恐，害怕，担心。

译：山顶的寺庙好像有百尺高，
站在上边仿佛伸手就能摘到星星。
在楼上不敢大声说话，
生怕惊扰了住在天上的仙人。

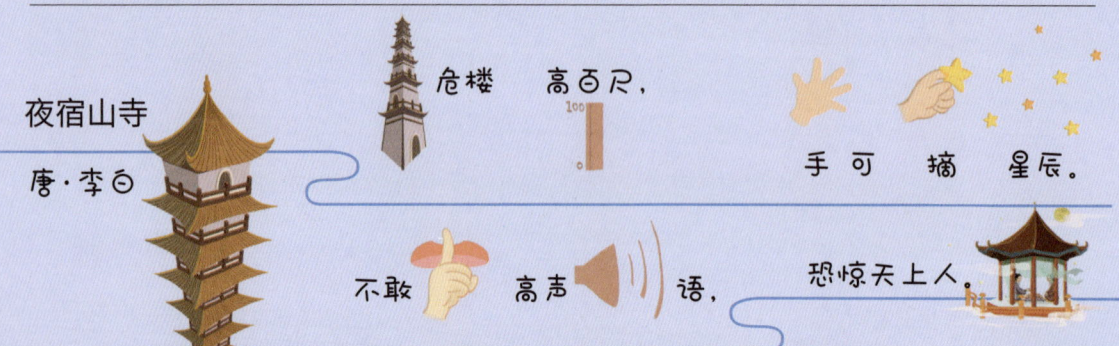

诗歌助记

夜宿山寺
唐·李白

危楼 高百尺，
手可 摘 星辰。
不敢 高声 语，
恐惊天上人。

□□山寺

唐·□□

危楼高□□,
手可摘□□。
恐惊□□□。
不敢□□□,

江心寺

  旅行诗人李白这一站来到了湖北黄梅，晚上住在蔡山上的江心寺。当时，蔡山位于长江之中，所以山上的寺庙名为江心寺。后来长江改道南移，现在这座山已经位于长江北岸了。

  江心寺始建于东晋之前，因为山和寺位于江中间而远近闻名。李白坐船前往庐山，这里也是必经之路。晚上，诗人登上山顶的藏经楼，看脚下江流奔涌，天上的星辰似乎近在咫尺。其实江心寺所在的蔡山只有五十多米高，古代的楼通常也只有十几米高，但因为处于江水之中，周围一片空旷，显得危楼孤立，直上云天。诗人有感而发，写下了这首诗。

诗歌中的夸张

  诗中的"危楼高百尺，手可摘星辰"，使用的是"夸张"这种修辞手法。李白性格豁达，他的诗歌想象奇特、豪迈奔放，诗中经常用到夸张手法。

形容高
我飞不了那么高。两百里以外就是太空了！
大鹏一日同风起，扶摇直上九万里。
《上李邕》

形容深
看来，我这桃花潭水还是不够深。
桃花潭水深千尺，不及汪伦送我情。
《赠汪伦》

形容长
白发三千丈，缘愁似个长。
《秋浦歌》
洗个头太费劲了！

形容大
燕山雪花大如席，片片吹落轩辕台。
《北风行》
如果能留到夏天，肯定比凉席更凉快。

形容贵
金樽清酒斗十千，玉盘珍羞直万钱。
《行路难》
唐朝时，一万个铜钱大约能买六千斤大米。

敕勒歌

北朝民歌

敕勒川，阴山下，
天似穹庐，笼盖四野。
天苍苍，野茫茫，
风吹草低见牛羊。

注 敕勒川：敕勒族居住的地方，在现在的山西、内蒙古一带。敕勒，古代北方少数民族的名称。
川，平川、平原。
阴山：位于现在的内蒙古北部。
穹庐：游牧民族居住的圆顶帐篷，用毡布搭成，也就是后来的蒙古包。
四野：广阔的原野。
天苍苍：天蓝蓝的。苍，青色。
茫茫：辽阔无边的样子。
见：同"现"，显现，露出来。

译 敕勒人生活的大草原，在高高的阴山脚下，天空像一个巨大的帐篷，笼罩着广阔的原野。
天蓝蓝的，草原辽阔无边，风吹弯了绿草，显现出原本隐藏在草丛中的牛羊。

诗歌助记

敕勒川，阴山下，
天似穹庐，笼盖四野。
敕勒歌 北朝民歌
天苍苍，野茫茫，
风吹草低见牛羊。

□□ 歌

□□民歌

□□川，□□下，

天似□□，□□四野。

天□□，野□□，

风吹草低□□□。

草原民族的牧歌

《敕勒歌》是一首北朝民歌。民歌就是在民间由人们口口传唱的诗歌，所以现在我们也没法知道到底是谁创作了这首诗歌。在东晋和隋朝之间的一百多年里，中国分裂为由北方少数民族统治的北朝和南方汉族统治的南朝，这段时间被称为南北朝时期。北朝包括北魏、东魏、西魏、北齐和北周等五个先后或并立存在的朝代。

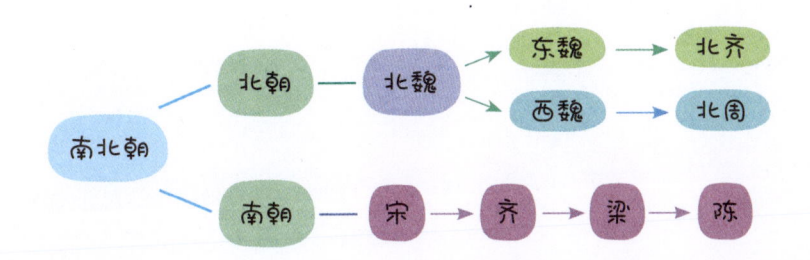

《敕勒歌》是敕勒人的一首牧歌。敕勒是我国北方一个古老的游牧民族，靠在草原上放牧牛羊为生。秦汉时期，敕勒人的祖先生活在现在俄罗斯的贝加尔湖一带，后来逐渐向南迁移，其中一支成了现在维吾尔族的祖先。

草原上的牧草又高又茂密，冬天还会有厚厚的积雪，为了适合在这样的路面行驶，敕勒人做的车子轮子很大，车身很高，所以这个民族也被称为高车。北朝时，敕勒和另一个更强大的游牧民族、建立了北魏的鲜卑逐渐融合，使用鲜卑语。所以《敕勒歌》原本是一首鲜卑语民歌，后来才翻译成汉语。

小心点儿，车子太高了，有盲区。

这首歌虽然是敕勒人创作的，但歌里描写的广袤的草原、毡帐般的圆顶天空、肥壮的牛羊，也是其他游牧民族都非常熟悉的生活场景，北朝的军队统帅甚至曾用它来激励大家的民族自豪感，提升军队士气。

当时，东魏为了统一北方去攻打西魏，结果大败而归，统帅也病倒了。撤军途中，军中还传出谣言，说统帅已经中箭身亡了，一时间军心离散。统帅支撑着病体召见将士，并让手下大将、敕勒人斛（hú）律金唱起《敕勒歌》，统帅带头唱和，大家纷纷跟唱。歌声慷慨激昂、气势恢宏，大家想起美丽的家乡，在草原上纵马驰骋的游牧生活，军心这才安定下来。

村居

清·高鼎

草长莺飞二月天,
拂堤杨柳醉春烟。
儿童散学归来早,
忙趁东风放纸鸢。

注 村居:住在乡村。
拂:轻轻擦过。
春烟:春天水泽、草木等蒸发出来的烟雾般的水汽。
散学:放学。
纸鸢:一种纸做的形状像老鹰的风筝,泛指风筝。鸢,老鹰。

译 农历二月,青草生长,黄莺飞来飞去,杨柳垂下柔软的枝条轻拂堤岸,仿佛在春天的雾气中醉得摇摇晃晃。
村里的孩子们放学后早早回到家,赶紧趁着春风把风筝放上天。

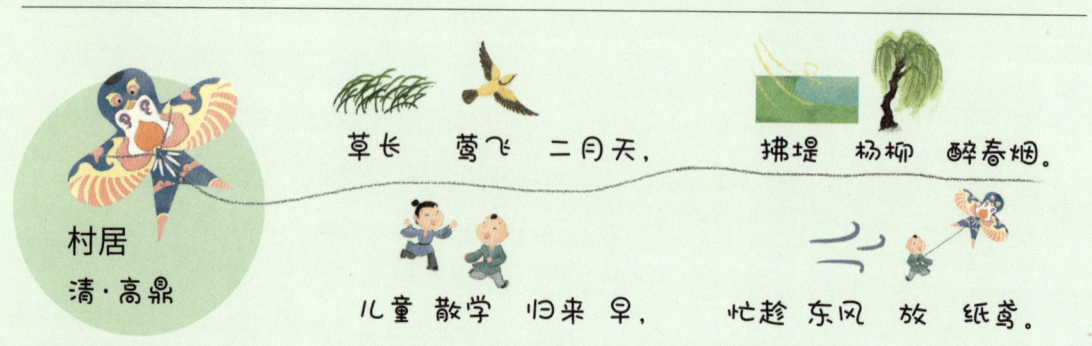

诗歌助记

村居
清·高鼎

草长 莺飞 二月天, 拂堤 杨柳 醉春烟。
儿童 散学 归来 早, 忙趁 东风 放 纸鸢。

□□

清·高□

□□□□二月天，　　□□□□醉春烟。

儿童散学□□□，
　　忙趁东风□□□。

古代的孩子玩什么

《村居》的作者高鼎是清代诗人,浙江杭州人。他生活的时代,正是两次鸦片战争爆发的时期,清朝已经走向衰落。高鼎隐居在农村,春天到来时,青草生长,鸟儿飞舞,一片生机盎然,活泼贪玩的孩子们放学后赶紧跑回家拿出风筝来放。欣欣向荣的早春景色,天真烂漫的儿童,让诗人忍不住用诗句把这美好的景象记录了下来。

古代没有手机和电脑,也没有那么多玩具,小朋友的玩具大多都是就地取材,大自然就是他们的游戏场。很多古诗也描写了小朋友们游戏玩耍的场景。

吹笛子

牧童归去横牛背,短笛无腔信口吹。
宋·雷震《村晚》

骑竹马

郎骑竹马来,绕床弄青梅。
唐·李白《长干行》

捉蝴蝶

儿童急走追黄蝶,飞入菜花无处寻。
宋·杨万里《宿新市徐公店》

抓知了

牧童骑黄牛,歌声振林樾(yuè)。
意欲捕鸣蝉,忽然闭口立。
清·袁枚《所见》

斗蟋蟀

知有儿童挑促织,夜深篱落一灯明。
宋·叶绍翁《夜书所见》

咏柳

唐·贺知章

碧玉妆成一树高，
万条垂下绿丝绦。
不知细叶谁裁出，
二月春风似剪刀。

注 碧玉：碧绿色的玉。这里比喻春天嫩绿的柳叶。
妆：装饰，打扮。
丝绦：用丝线编织成的带子。这里指像丝带一样的柳条。

译 翠绿的新叶像柳树上装饰着的片片碧玉，垂下的柳条像千万条绿色的丝带。
不知道这细长的柳叶是谁裁剪出来的，就是二月的春风，像一把神奇的剪刀。

♪ 诗文声律
妆成 ═ 垂下
细叶 ═ 春风

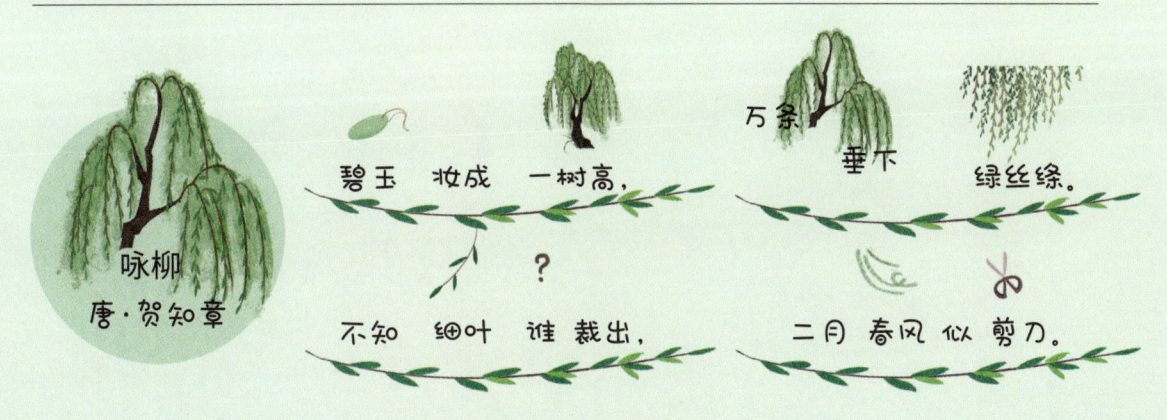

诗歌助记

咏柳
唐·贺知章

碧玉 妆成 一树高，
不知 细叶 谁裁出，

万条 垂下 绿丝绦。
二月 春风 似剪刀。

咏 □

唐·贺 □□

□□妆成一树高，

万条垂下绿□□。

不知□□谁裁出，

二月□□似剪刀。

金龟换酒

《咏柳》的作者贺知章性格狂放，酷爱喝酒。杜甫把他和李白、草书大家张旭等七人合称为"饮中八仙"，并为他们写了一首诗，头一个写的就是贺知章。

知章骑马似乘船，眼花落井水底眠。 唐·杜甫《饮中八仙歌》

知章老哥喝醉后，骑在马上像坐在船上一样摇摇晃晃，一不小心落到井里，就在水里睡了一觉。

李白结识贺知章时四十出头，此时贺知章已经八十多岁了，两个性格相投、都爱喝酒的人一见如故。贺知章看过李白的《蜀道难》后，拍案叫绝，称李白为"谪（zhé）仙"（被贬下凡的神仙）。李白的"诗仙"之号正是由此得来。

> 在哪里摔倒，就在哪里睡一觉。

贺知章请李白吃饭，带的钱不够，当即解下挂在腰带的金龟当酒钱。金龟是唐朝官员佩戴的一种配饰，称为龟饰，五品以下官员戴青铜龟，四品戴白银龟，三品以上的官员才能戴黄金龟。

> 看看这个能买多少酒？

> 大人这作派，我喜欢！

柳诗佳句

昔我往矣，杨柳依依。《诗经·采薇》

沾衣欲湿杏花雨，吹面不寒杨柳风。宋·志南《绝句》

枝上柳绵吹又少，天涯何处无芳草。宋·苏轼《蝶恋花·春景》

庭院深深深几许，杨柳堆烟，帘幕无重数。宋·欧阳修《蝶恋花》

赋得古原草送别（节选）

唐·白居易

离离原上草，
一岁一枯荣。
野火烧不尽，
春风吹又生。

注 离离：形容青草茂盛的样子。
岁：年。
枯荣：枯萎和茂盛。

译 原野上茂密的青草，
每年都会枯萎，然后又长得茂盛。
野火也无法把它烧尽，
当春风吹来，长在地底的根又顽强地生长。

♪诗文声律
野火 ══ 春风
烧不尽 ══ 吹又生

诗歌助记

离离 原上草，
一岁 一枯 荣。

赋得古原草送别
（节选）
唐·白居易

野火 烧 不尽，
春风 吹 又生。

□□ 古原草送别（节选）

唐·白□□

□□原上草，

□□一枯荣。

□□烧不尽，

□□吹又生。

读懂诗名

赋得古原草送别

↓　　　　↓　　　　↓
指定题目标志　　诗题　　本诗主题

古代文人聚会作诗时,会定好几个题目分给大家,每个人得到某个题目,称为"赋得",写诗时把这两个字加在题目前,表示这是一首命题诗。另外,古人用指定的题目练习写诗,以及科举考试中的命题作诗也称为"赋得"。

"古原草"是本诗的题目,指长在古原上的野草,不要错读成古草原哟。"送别"则是本诗的主题。这里只节选了前面四句,真正的送别在后面:

远芳侵古道,晴翠接荒城。又送王孙去,萋萋满别情。

远处的芳草一直长到古老的驿道上,晴日下的一片青翠通往远方荒僻的城市。我又一次送别好友,满眼的绵绵青草都饱含着离别之情。

居亦不难

白居易第一次到京城参加科举考试时,按照当时的惯例,拿着自己的诗集去拜访名满京城的大诗人顾况。顾况收下诗集,看到上面的署名,拿白居易的名字开起了玩笑,由此还产生了一个成语:居大不易。但看过诗后,顾况惊叹于这位年轻人的才华,尤其是对这首《赋得古原草送别》大为叹赏,并热心为白居易作推荐。没过多久,白居易这位诗坛新秀的名字就传遍了京城。

晓出净慈寺送林子方

宋·杨万里

毕竟西湖六月中，
风光不与四时同。
接天莲叶无穷碧，
映日荷花别样红。

注
净慈寺：位于浙江杭州西湖南岸的佛寺。
毕竟：到底。
四时：春夏秋冬四个季节。这里指六月以外的其他时节。
接天：像与天空相接。
无穷：无边无际。
映日：太阳映照。
别样：特别，不一样。

译
毕竟是西湖的六月时节，
风光和其他季节大不相同。
碧绿的荷叶铺展开去，无边无际，像是与天相接，
在朝阳的映照下，荷花格外鲜艳娇红。

♪ 诗文声律

接天 ⇌ 映日
莲叶 ⇌ 荷花
无穷碧 ⇌ 别样红

诗歌助记

毕竟 西湖六月 中，
风光 不与四时 同。

晓出净慈寺
送林子方
宋·杨万里

接天　莲叶　无穷碧，
　　　荷花
映日　　　别样红。

□出□□寺送林子方

宋·杨□□

毕竟西湖□□中，

风光不与□□同。

□□莲叶□□碧，

□□荷花□□红。

写景诗背后的故事

　　杨万里是南宋诗人，西湖所在的杭州正是南宋的都城临安。杨万里这时在京城做官，要送好友兼下属林子方去外地任职。

　　这天清晨，诗人和朋友走出寂静的古寺，沿西湖边的堤岸慢慢走着。农历六月是荷花开得最盛的季节。满湖碧绿的莲叶一直延伸到远方水天相接处，朵朵莲花在清晨阳光的照耀下显得格外红艳，杨万里见景生情，写下这首诗送给朋友。

　　除了景色描写，这首诗还暗含了另一重意义。在古代，"天"和"日"通常都用来指皇帝，挨着天的莲叶特别碧绿，阳光照耀下的荷花特别红艳，也比喻待在京城、离皇帝更近的官员，将来得到升迁的机会更大。所以杨万里也是想用这两句诗，表达希望好友能留下来的愿望。

净慈寺

　　净慈寺位于西湖南岸的南屏山，和西湖名塔雷峰塔遥遥相对。净慈寺始建于宋朝之前的五代时期，北宋末年在战火中被毁，南宋把都城迁到杭州后，由皇帝下旨重建。寺内有一口大钟，每天傍晚，钟声从南屏山传到西湖上空，钟声悠扬，余音袅袅。南宋时，"南屏晚钟"就已成为画家热衷于描画的"西湖十景"之一。

绝句

唐·杜甫

两个黄鹂鸣翠柳,
一行白鹭上青天。
窗含西岭千秋雪,
门泊东吴万里船。

注 窗含:指透过窗子往外看,景物就像被装在窗框中一样。
西岭:西岭雪山。位于四川成都西面,最高峰大雪塘终年积雪,被称为"成都第一峰"。
千秋雪:指西岭雪山上千年不化的积雪。
泊:停靠,停泊。
东吴:三国时期孙权在江南建立了吴国,也称东吴。在现在的江苏一带。
万里船:从万里之外驶来的船。

译 两只黄鹂在翠绿的柳枝间鸣叫,
一行白鹭直飞向湛蓝的天空。
坐在窗前可以看到西岭上千年不化的积雪,
门前码头边停泊着从万里外的东吴驶来的船只。

♪ 诗文声律

两个 ══ 一行   窗含 ══ 门泊
黄鹂 ══ 白鹭   西岭 ══ 东吴
鸣翠柳 ══ 上青天 千秋雪 ══ 万里船

诗歌助记

□□

唐·杜□

两个□□鸣□□,
一行□□上□□。

窗含西岭□□□,
门泊东吴□□□。

绝句和对仗

绝句并不是指"绝妙的诗句"，而是一种诗歌体裁，整首诗只有四句，每句五个字的叫五言绝句，简称"五绝"，七个字的叫七言绝句，简称"七绝"。古人写诗，通常用四句表达一个完整的意思，所以称为"绝"句，"再也没有了"的意思。

有些绝句会用到对仗。对仗是指诗歌和文章中字词声调、意义、词性和句子结构的对应，比如平声对仄声，名词对名词、动词对动词。

杜甫的这首绝句，对仗非常工整，不仅每个词对上了，甚至每个字都能对上，这在古诗中是非常少见的。

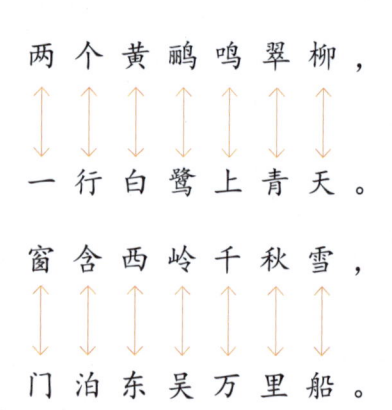

两个黄鹂鸣翠柳，
一行白鹭上青天。
窗含西岭千秋雪，
门泊东吴万里船。

声调的平仄

古代汉语

平声	平声
上(shǎng)声	仄声
去声	
入声	

现代汉语

平声	阴平（第一声）
	阳平（第二声）
仄声	上声（第三声）
	去声（第四声）

杜甫草堂

杜甫比李白小十一岁，两人合称"李杜"，是唐代最著名的两位诗人。

终结了唐朝盛世的"安史之乱"期间，为了躲避战乱，杜甫一路辗转来到现在的四川成都，在朋友的帮助下建了一座茅屋住下，后人称这处居所为"杜甫草堂"。

杜甫在这里住了快四年，写下了两百多首诗歌。公元 764 年，也就是安史之乱结束后的第二年，心情大好的杜甫写了一组描写成都一带风光的绝句，共四首，这是其中的第三首，形象地描绘出初春时节草堂附近的美景。

心情好，茅屋也成观景房。听完黄鹂看白鹭，赏过雪山再看船。

悯农（其一）

唐·李绅

春种一粒粟，
秋收万颗子。
四海无闲田，
农夫犹饿死。

注
粟：谷子，去皮后叫小米。这里泛指各种粮食的种子。
子：指粮食颗粒。
四海：指全国。古人认为中国四周都是大海，所以用"四海之内"来指中国。
闲田：闲置荒芜、没有耕种的田地。
犹：仍然。

译
春天只要播下一粒种子，
秋天就能收获很多粮食。
天底下没有一块荒废不种的田地，
却仍有辛勤种田的农民被饿死。

♪ 诗文声律

春种 ═══ 秋收   一粒粟 ═══ 万颗子

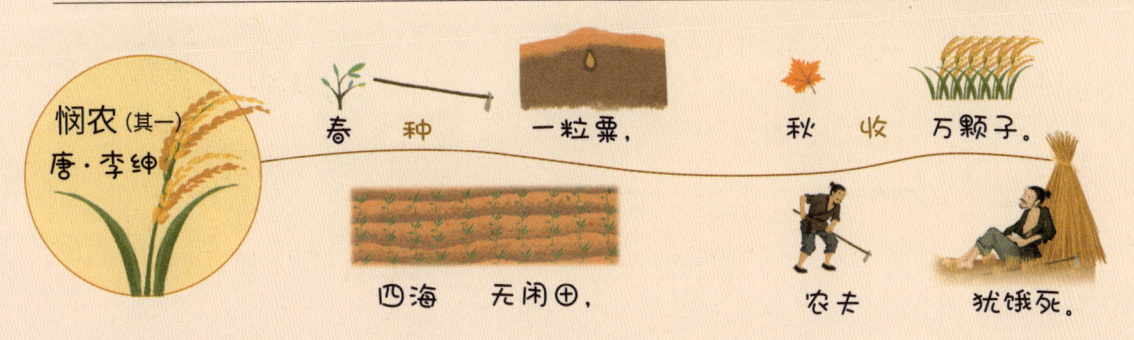

诗歌助记

悯农（其一）
唐·李绅

春 种 一粒粟，　　秋 收 万颗子。
四海 无闲田，　　农夫 犹饿死。

悯□（其一）

唐·李□

春种一粒□，　　秋收万颗□。

四海无□□，　　农夫犹□□。

悯农诗

在古代，文人们很少直接参与生产劳动，但有些诗人也能体会到劳动者的劳作艰辛，更为他们辛勤劳动生活却万般艰辛而抱不平，也为此写下了很多诗句，这类诗统称为"悯农诗"。

垄（lǒng）上扶犁儿，手种腹长饥。
窗下抛梭女，手织身无衣。

唐·于濆（fén）《苦辛吟》

耕地种庄稼的男儿，却经常因为没饭吃饿肚子。整天忙着织布的女子，身上却没有像样的衣服。

苦恨年年压金线，为他人作嫁衣裳。

唐·秦韬玉《贫女》

年复一年用金线刺绣，都是为富人家的小姐做嫁衣。

遍身罗绮者，不是养蚕人。

宋·张俞《蚕妇》

浑身上下穿着绫罗绸缎的人，没有一个是养蚕的人。

陶尽门前土，屋上无片瓦。

宋·梅尧臣《陶者》

烧窑工为了做砖瓦把门前的土都挖光了，自家屋顶上却连一片瓦都没有。

舟夜书所见

清·查慎行

月黑见渔灯,
孤光一点萤。
微微风簇浪,
散作满河星。

注 舟夜书所见:在船上的夜晚,写下看到的景物。书,写。
见:同"现"。
孤光:孤零零的灯光。
簇:聚集,簇拥。

译 没有月亮的夜晚一片漆黑,渔船上的灯闪现在河面,孤零零的灯光像萤火虫发出的一点微光。
微风吹来,河水泛起层层波浪,
倒映在水面的灯光散开来,像无数星星洒落在河面上。

诗歌助记

月 黑 见 渔灯, 孤光 一点 萤。

微微 风 簇浪, 散作 满河 星。

舟夜书所见
清·查慎行

舟夜□□□

清·查□□

月黑见□□,
孤光□□□。

微微□□□,
散作□□□。

烟波钓徒

《舟夜书所见》的作者是清朝诗人查慎行，浙江海宁人。"查"作姓时读 zhā。"慎行"这个名字取自"谨言慎行"，说话和做事都小心谨慎，这是古代很多文人的行事准则。当代著名武侠小说作家金庸原名查良镛（yōng），也出生于浙江海宁，和查慎行属于同一个家族。

唐代诗人张志和特别喜欢钓鱼，给自己取了个名字叫"烟波钓徒"，意思就是在烟雾笼罩的江湖水面钓鱼的人。同样喜欢钓鱼的查慎行也被称为"烟波钓徒"，这个名字是皇帝赐的。

康熙皇帝时，查慎行是翰林院编修，负责起草皇帝的诏书等文件。有一次，康熙皇帝南巡时，让人捕了很多鲜鱼分给随行的大臣。大臣们纷纷写诗感谢皇帝赏赐，查慎行所写的诗最后两句是：笠檐蓑袂（mèi）平生梦，臣本烟波一钓徒。

诗作呈上去后，皇帝非常喜欢，并称他为"烟波钓徒查翰林"。

歪歪兔更多好书

《一读就会用的分类成语故事》（全10册）

500个故事，400多个分类，8000多个成语，从学龄前到高中，有这一套成语故事就够了。

《一读就通的中国历史》（全10册）

像看连续剧一样，用与孩子面对面式的讲述+互动，串起五千年完整中国史。

《如果历史是一所学校》（全5册）

每个朝代都变成一所学校，皇帝是校长，近臣是老师，还有一群性格各异的小学生。用虚构的校园故事讲真实的历史知识。

《通识第一课》（全12册）

只用一套书，就能搞定孩子的大语文、科学、地理、历史、天文……给孩子搭建完整知识框架，为深入学习打基础。

《到历史上的都城去旅行》

25座古都串起一部中国史，带孩子去旅行，不再走马观花！

《足迹》

用文学手法再现波澜壮阔的人类进化历程，看人类祖先如何在险象环生的情境中勇敢突围，进化成人。

歪歪兔童书，是故事更是教育宝典

全网销量逾1亿册

微信扫一扫 了解更多书

买书更划算 天猫扫一扫

图书在版编目（CIP）数据

趣读古诗文．1 / 歪歪兔童书馆编绘．-- 北京：海豚出版社，2021.10（2024.6重印）
ISBN 978-7-5110-5752-5

Ⅰ．①趣… Ⅱ．①歪… Ⅲ．①古典诗歌－诗歌欣赏－中国－儿童读物 Ⅳ．①I207.2-49

中国版本图书馆CIP数据核字（2021）第170678号

趣读古诗文
歪歪兔童书馆 编绘

出 版 人：	王 磊
总 策 划：	宗 匠
监 制：	刘 舒
撰 文：	宋 文
绘 画：	李玮琪
装帧设计：	玄元武 侯立新
责任编辑：	杨文建 李宏声
责任印制：	于浩杰 蔡 丽
法律顾问：	中咨律师事务所 殷斌律师

出 版：	海豚出版社
地 址：	北京市西城区百万庄大街24号 邮 编：100037
电 话：	（010）65569870（销售） （010）68996147（总编室）
传 真：	（010）68996147
印 刷：	北京博海升彩色印刷有限公司
开 本：	16开（787毫米×1060毫米）
印 张：	26
字 数：	300千
印 数：	30001-35000
版 次：	2021年10月第1版
印 次：	2024年6月第4次印刷
标准书号：	ISBN 978-7-5110-5752-5
定 价：	198.00元（全4册）

版权所有 侵权必究